Ingeborg Fritsche, Petra Fritsche

Worte verzaubern Bilder

Ingeborg Fritsche
Petra Fritsche

Worte verzaubern Bilder

Traumlandschaften vom Taunus bis in die Toskana

SOCIETÄTS
VERLAG

Layout & Satz: Julia Desch, Societäts-Verlag
Umschlaggestaltung: Julia Desch, Societäts-Verlag
Umschlagabbildungen: „Bad Homburgs Sehenswürdigkeiten versammeln sich am Untertor“ und „Kronberg mit Frankfurter Skyline“, Aquarelle von Petra Fritsche
Druck und Verarbeitung: Westermann Druck Zwickau GmbH
Printed in Germany 2016

ISBN 978-3-95542-242-4

Inhalt

Heinz Rühmann gewidmet

Wenn ein bekannter Mann des Films und Theaters auf Gastspielreise geht und keine Sekretärin mitbringt, dann bleibt ihm nichts anderes übrig, sich an seinem vorübergehenden Wohn- und Wirkungsort nach einer solchen umzusehen. Es ist ja nicht so, wie viele Menschen meinen, das Tagewerk eines Künstlers sei mit Proben, Auftreten, gelegentlichen Empfängen, Interviews und Austeilen von Autogrammen getan. Es gibt zu allem eine oft nicht unbedeutende Korrespondenz zu erledigen, denn auch ein Künstler wird zu seinem Teil vom Strudel des allgemeinen Papierkriegs erfaßt und versucht dann mit Hilfe einer Sekretärin seiner Herr zu werden. Es würde zu weit führen und vom Thema abweichen, wollten wir jetzt noch ein paar Zeilen über Sekretärinnen ganz allgemein einflechten, daß sie viel, meist mehr als die besseren Ehehälften ihrer Chefs wissen – von geschäftlichen Dingen natürlich! –, daß sie schweigen können wie das Grab und so als wenig ergiebige Quellen für irgendwelche Informationen bezeichnet werden müssen. Auch Heinz Rühmann brauchte während seines Vierwochenaufenthalts in Königstein eine solche Kraft, suchte und fand sie in der Person einer jungen Königsteinerin, die ihre Eindrücke und Erlebnisse auf einer Fahrt mit Heinz Rühmann zur Theateraufführung in Frankfurt in einem Gedicht zusammenfaßte, das wir hier gern zum Abdruck bringen.

Mein Hase Harvey

Bei frohem Klang im Radio
Fahr' ich mit Rühmann in den Zoo.
Und hinten drin im Wagen krumm
Sitzt Hase Harvey und ist stumm.
In seiner unscheinbaren Art
Ruht Harvey gern bei dieser Fahrt,
Muß er sich doch drauf konzentrieren,
Die Frankfurter zu amüsieren.
Heinz Rühmann fährt mit Eleganz,
Indessen Harveys kurzer Schwanz
Frech aus dem Autofenster hängt,
Hat man ihn doch hineingezwängt
In dieses Fahrzeug – schonungslos,
Er ist ja auch ein bißchen groß –
Bis sich der Heinz an diese Länge
Gewöhnt, ward ihm ein lang Gestänge
Von Fritz Rémond vorangetragen –
Doch darf man sowas ja nicht sagen. –
Jetzt sind die beiden wohl vertraut,
Der Hase hat den Heinz durchschaut.
Es folgt – ein riesenhafter Schatten –
Freund Harvey unsrem „Mustergatten“,
Begleitet diesen großen Star
In manch' Café, in manche Bar,
Wo sie die Presse prompt auffindet
Und dann am nächsten Tag verkündet,
Daß sich die beiden nach Belieben
In Nachtlokalen rumgetrieben!
Die alles ist sehr indiskret,
Doch einerlei – es ist schon spät –

Wir schwenken um die Ecke rum,
Im Zoo ein reizend Publikum
Hat sich versammelt – ihn zu suchen,
Der da – ich muß es auch gestehen –
Schon jeden froh einmal gemacht,
Kurz – über den wir schon gelacht,
Daß beide Augen überliefen
Und innerlich wir „Feuer" riefen.

So sitze ich in meiner Reihe,
Von links und rechts dringen die Schreie.
Begeisterung an meine Ohren,
Doch sitz' ich irgendwie verloren
Mit meinem Wissen einsam da,
Daß Harvey l e b t, daß er ist nah
Uns allen, die normal wir scheinen,
Denn ist's nicht so, daß wir stets weinen
Nach einem Freund in diesem Leben,
Den es in Wahrheit nicht kann geben? –
Daß wir mit ihm umherspazieren,
Uns freu'n mit ihm, uns amüsieren,
Dann wieder unser Leid ihm klagen,
Und jedes Mittel muß versagen,
Von diesem Freund uns zu befreien –
Wir sind im Leben stets zu zweien,
Mit einem Wahn sind wir vermählt,
Und alle Mittel – ungezählt,
Wie Spritzen, Schocks und Psychatrie
Sind machtlos gegen dieses Vieh,
Das uns – ein riesenhafter Schatten –
Begleitet wie den „Mustergatten".
Nur müssen wir dies Tier auch lieben
Wie Elwood Dowd – dann wird's vertrieben,
Verfolgt es uns – fängt an zu quälen,
Bis wir uns dann mit ihm vermählen,
Denn wir vermögen nichts allein,
Es geht im Grunde nur zu zwei'n.

Ingeborg Fritsche
Königstein i.T., 14. März 1951
Taunus-Zeitung Königstein/Taunus

Besuch von Heinz Rühmann in Königstein 1951 – damals Hotel „Haus der Länder". Ich war seine Sekretärin und begleitete ihn auch ins kleine Theater im Zoo, wo er in dem Stück „Mein Hase Harvey" auftrat.

Vorwort

„Wird einmal ein Buch von Ihnen, Frau Fritsche, mit Ihren schönen Gedichten und den fröhlichen, farbenfrohen Bildern Ihrer Tochter erscheinen?“, wurden wir immer wieder gefragt, besonders nach unserer vorläufig letzten großen Ausstellung in Bad Homburg, die von der damaligen Kulturdezernentin Beate Fleige eröffnet wurde.

Um den Wunsch zahlreicher Kunstinteressierter zu erfüllen, erscheint nun unser erster Gedicht- und Bildband: „Worte verzaubern Bilder“.

Jeder Mensch hat einen Traum, für den es gilt zu leben:
„Dort, wo Dein Traum ist, ist Dein ganzes Sein!“

In „Worte verzaubern Bilder“ kommunizieren schöne Gedichte mit Lokalkolorit auf besinnliche, auch humorvolle Art und Weise mit fröhlichen Bildern in leuchtenden Farben. Worte und Bilder, die eine geheimnisvolle Einheit bilden und doch auch in ihrer Eigenständigkeit verzaubern, erzählen von der sehenswerten Kurstadt Bad Homburg und den bekanntesten Städten des Hochtaunus, von der Schönheit des nicht alltäglichen Lebens und der Fähigkeit, diese zu erkennen: Zeit zum Verschenken und an den anderen Menschen zu denken, ein Lächeln schenken im Vorübergehen, Glücksmomente empfinden, Sehnsucht und Liebe, Geborgenheit geben. Die Schönheit der Natur, Reisen in die Toscana, Südfrankreich und Spanien, und letzten Endes der Wechsel der Jahreszeiten nehmen den lesenden Betrachter mit in eine verzauberte Welt.

Öffnet das Buch und öffnet die Seele
für das, was ich Euch darinnen erzähle.

Und lasst Euch von den Bildern berühren
und in das Land der Schönheit entführen.

Ingeborg und Petra Fritsche

DES KAISERS
FRIEDRICH
Petra Fritsche 12

Homburg-Hymne

Bad Homburg, Stadt der Türme sieben,
zu allen Zeiten jung geblieben.
Vor zwölf Jahrhunderten geboren,
wurd'st du von Fürsten auserkoren.
Mit deinen Quellen so gesund
bist du noch heut' in aller Mund!
In deinem Park mit tausend Bäumen
lässt es sich wunderschön noch träumen.
Du Stadt mit fürstlichem Gesicht,
wir feiern und wir lieben dich!
Du Stadt mit soviel Geist und Charme,
dein Liebreiz macht das Herz uns warm.
Du gibst den Menschen alt und jung
Begeist'rung und Erinnerung.
In dir weiß sich der Mensch zu Haus:
Denn du siehst ganz bezaubernd aus.
Und welche Stadt kann von sich sagen,
dass sie besteht seit soviel Jahren?
Und auch – das sei hier mal betont –
dass Hölderlin in ihr gewohnt!

Einhundert Jahre heißt du BAD –
Das hast verdient du in der Tat!

Verführerisches Bad Homburg

Total geschluckt hat mich die Stadt –
macht mich mit Angebot schachmatt.
Will immer meinen Magen füllen –
und auch den Durst, den will sie stillen.
Fragt mich, ob ich bekleidet bin
im heutigen Designer-Sinn...

Von links und rechts stürmt auf mich ein,
was stets bereichert unser Sein!
Es ist die Zeit, die sie mir nimmt –
und auch das Geld bald nicht mehr stimmt!

Verführung pur ist angesagt
in dieser Stadt, wo man gern tagt!
Doch was verführt, ist wunderbar –
Bad Homburg – du bist Super-Star!
–
Und ganz besonders dieses Jahr,
wo du heißt BAD seit 100 Jahr'!

Laternenfest

Champagner-Luft und Tradition –
ich weiß wohl, wie gesund ich wohn'!
Und Tradition ist auch das Fest,
wo man den Wein sich schmecken lässt.

Wie jedes Jahr schmückt sich die Stadt
und macht die Menschen froh und satt!
Von überall strömt man daher –
die ganz' Umgebung – sie ist leer!

Die „Kö" von Homburg proppenvoll –
ein Frohgemüt ist jeder Zoll!
Und über all dem bunten Tanz
erstrecket sich hell ein Lichterkranz!

Laternen, wo man hin auch schaut –
in jedem Eckchen – so vertraut –
ist Licht – nur Licht – seid froh, Ihr Leut' –
Laternenfest ist wieder heut'!

Friedrichsdorf – Philipp Reis zum Dank

Lieber Philipp Reis,
jeder Mensch doch weiß,
dass Du über Nacht
das Telefon erdacht.
Vor 150 Jahr'
das Telefon war da!

Friedrichdorf, die Stadt,
hat Dich hervorgebracht!
Wer kann von sich sagen,
solchen Sohn zu haben!
Ich für meine Person
lieb' das Telefon.

Wärst Du nicht gewesen,
könnten wir nur lesen
Briefe, die wir schreiben –
warten, wo sie bleiben.

Durch das Telefon,
wo ich auch nur wohn',
bin ich gleich am Ziel
und kann sprechen viel!

Lieber Philipp Reis,
dass Du es nur weißt:
Du hast diese Welt
auf den Kopf gestellt!
Dass – auch wo wir sind –
einfach nah uns sind!

Übers weite Meer
ich die Menschen hör'.
Zum Geburtstagsfest
wünsche ich das Best'.

Und – wer kann's verbieten –
dass ich sag' zu lieben.

Kaiser Wilhelm lädt ein

Da stehst du – Kaiser Wilhelms Bad –
voll Stolz und Tradition –
in deinen Mauern königlich
schenkst Heilung lange schon.
Viel Bäume gibt's im Kurpark ja
und Quellen frisch und rein.

Doch du bist dort der große Star –
in dir kann Mensch ich sein!
Massage, Bad und Wellness pur
streift ab Dir Deine Sorgen!
Komm nach Bad Homburg in die Kur –
denn hier bist Du geborgen!

Der historische Kurpark

Kurpark 150 Jahr'
bist du für uns Menschen da.
Deiner Bäume sattes Grün
lassen wir ins Herz uns zieh'n.

Deine Wiesen voller Blüt'
machen froh uns das Gemüt.
Überall die Wege schön
lassen uns in dir ergeh'n.

Viele Bänke weiß und heil
laden ein uns zum Verweil.
Bad Homburg, diese schöne Stadt,
mit dir den schönsten Kurpark hat.

Die Jacobisch' Orangerie
sieht verjüngt aus wie noch nie.
Hat ein neues Kleid bekommen –
Denkmalschutz ist unbenommen.

Noch ist sie nicht ganz erstellt.
Doch bald ist sie auf der Welt,
wie's Jacobi hat gewollt,
Parkgeschichte sie dann zollt.

Die Konzertmuschel im Park
klingt jetzt nicht nur manchen Tag.
Nein, sie wurde schön gemacht,
dass das Auge auch mit lacht.

Sie und die Orangerie
lassen wissen wie noch nie,
dass vor Jahr'n die ganze Welt
sich auf diesem Platz gesellt.

Um als Kurgast zu genießen,
wo die guten Quellen fließen –
und man atmet voller Lust
auch noch die Champagner-Luft!

Golfplatz – royal genannt –
wie die Spielbank wohl bekannt,
die – wie alle Welt auch weiß –
„Mutter von Monte Carlo“ heißt.

Und auch der Tennisclub im Park
gibt Sportlern Freude jeden Tag.
Royal nunmehr sein Name ist,
weil königlich sein Ursprung ist.

Und das Kaiser Wilhelms Bad
viele Freuden für uns hat.
Russisch Kirch' – so voller Gold –
schaut uns an in dir so hold.

Siam-Tempel – hoheitsvoll –
finden wir nun einmal toll.
All dies lächelt uns entgegen,
wenn wir geh'n auf deinen Wegen.

Heut' bist du 150 Jahr' –
für die Stadt ein großer Star!

Zeit ist Glück

Ich schenke Dir ein Kilo Zeit
für Freude und für Zärtlichkeit.
Für einen Augenblick voll Glück –
ein Nachdenken an einem Stück.
Ich schenk' Dir Zeit, den Stern zu seh'n
am Himmel, wenn wir schlafen geh'n.
Ich schenk Dir Zeit, Dich auszuruh'n
auf einer Bank – Du sollst es tun.
Damit Du hörst der Vögel Sang –
der nahen Kirche Glockenklang –
den Wind, der durch die Bäume fegt
und sich um Deine Seele legt.
Ich schenk' Dir Zeit,
auch sie zu verschenken
und an den anderen Menschen
zu denken.

Die Sonne

Die Sonne wärmt uns das Gemüt –
Bringt fertig, dass die Welt erblüht.

Mit ihrem strahlenden Gesicht
Schenkt sie Geborgenheit und Licht.

Leg Dich hinein und weine nicht.

Hommage an den Hochtaunuskreis

Hochtaunuskreis – Hochtaunuskreis –
der Wald hat dich umschlungen –
mit deinen Bergen – Burgen schön
wirst gerne du besungen!
Wo ich auch wohn', der Feldberg winkt
und grüßt mich schon am Morgen.
Wenn abends dann die Sonne sinkt,
nimmt mir der Schlaf die Sorgen.
Weil du mit deinen Bergen grün
bist herrlich anzuschauen –
die Menschen aus der Stadt hinziehen
und ihre Häuser bauen.
Und in den Städten ringsumher
die Wirtschaft ist am Blühen.
So kommen sie von Frankfurt her –
man sieht die Skyline glühen.
Touristen sind bei dir zu Haus' –
erfreuen sich in Bädern.
Die Fürsten gingen ein und aus –
man fährt auf Oldtime-Rädern.
Die Städte, die in dir vereint,
sind gar nicht aufzuzählen.
Da fällt es einem Hessen schwer,
die richt'ge Stadt zu wählen!
Liebt man sehr die Champagner-Luft
und Traditon dazu –
Bad Homburg Dich natürlich ruft –
die Wellness wartet nur!
Und Königstein und Kronberg schön
mit ihren Burgen alt –
die schauen uns von weitem an
aus ihrem grünen Wald.
Und Oberursel – diese Stadt
mit ihren Brunnen viel –
auch Schönes ja zu bieten hat –
ist der Touristen Ziel.
Nicht zu vergessen Friedrichsdorf –
die Stadt mit Tradition –
wo Philipp Reis erfunden hat
für uns das Telefon.
Neu-Anspach – Steinbach – Usingen
sind auch in unserm Kreis.
Auch sie sind wirklich sehenswert,
wie jedermann auch weiß.
Die beste Kaufkraft weit und breit
hat dieser schöne Kreis –
weil man hier alles kriegen kann –
da lohnt sich jede Reis'!
Weil Frankfurt ja so nahe liegt,
gibt's auch 'ne Menge Geld.
Deshalb so manche Stadt im Kreis
viel Millionäre zählt!
Ein welcher Hesse will dort nicht
fürs Leben gerne wohnen –
von Übersee kommt man daher –
wir nah am Flugplatz wohnen!
Ganz gleich, wo Ihr im Taunuskreis
habt Euer Heim gefunden –
ein wunderschöner Ort ist das –
das weiß man unumwunden!

Schweigen

Da sitzen sie und schweigen
ER und SIE.
Ein Kind haben sie beide
weiter nichts –
und doch so viel.

Der Tag erwacht

Der Tag erwacht.
Gott streut die Freude aus
über die Dächer.
Doch lieber weinen die,
die drunter wohnen,
die Tränen weiter von der Nacht
und wissen nicht,
dass Gott sie trocknen möchte.

Drum lebe Deinen Traum

Wenn Du erwachst, erwacht mit Dir Dein Traum.
Er spricht so laut mit Dir – man glaubt es kaum.
Er ist Dir einverleibt von Anbeginn –
Ihn wahr zu machen, ist Dein steter Sinn.

Es schlägt der Alltag ständig auf ihn ein –
Lass alles – alles einfach, einfach sein –
Und schau zufrieden in Dein Herz hinein.
Dort, wo Dein Traum ist, ist Dein ganzes Sein!

*Für meinen geliebten,
verstorbenen Mann Ludwig*

Nur die Liebe macht uns frei

Frei über den Wolken –
frei im Wind –
frei auf den Wellen des Meeres –
frei auf den Gipfeln der Berge –
frei im All!

Doch gefangen in Deinen Armen,
bin ich glücklich – geborgen – geliebt
und angekommen!

Zweierlei Maß

oder

Die Großen und die Kleinen

Sie fliegen hin und picken sich
ihr Futter aus dem Haus.
Doch kommt ein großer Vogel an,
dann muss „man“ eben raus!

Geduldig warten Spatz und Meis’,
ob das Gerechtigkeit auch ist,
steht auf dem andern Blatt.

So ist im Leben das Gesetz:
Ist klein man von Gefieder,
dann kommt man erst zuallerletzt –
auch wenn man brav und bieder!

Das Gänseblümchen

Ein Gänseblümchen bin ich,
bin nicht eine Rose.
Ich steh' bescheiden unter Löwenzahn.
Und sie steht da in purpurroter Pose,
als ob der Himmel sich allein ihr aufgetan!
Doch streichelt mich wie sie der Sonne Strahl.
Es wärmt der Himmel frei nach seiner Wahl.
Geborgen sitz' ich in der Erde Schoß.
Man kann nicht sagen, ich sei schön und groß.
Doch sagt doch selbst: Schön ist auf dieser Welt,
was diesem oder jenem gut gefällt.

Frühlingskuss

Hallo, lieber Fliederbaum,
Siehst jetzt aus – grad wie ein Traum!

Deine Blüten aufgeweckt
Hat die Sonn' – so lang' versteckt!

Hat dich einfach wachgeküsst:
Jetzt weiß ich, dass Frühling ist!

Mein Engel

Engel – Bote des Himmels –
Licht im Dunkeln –
eingehüllt in Deinen Schutz
geh' ich den Weg durch das Leben.

Hab Sonne im Herzen

Manche stehen in der Sonne –
andere im Schatten hier.

Doch die Sonne scheint für alle –
lass sie scheinen auch auf Dir.

Öffne Dich für ihre Strahlen –
lass sie in Dein Herz hinein.

Dann stehst Du nicht mehr im Schatten –
Du bist selber Sonnenschein!

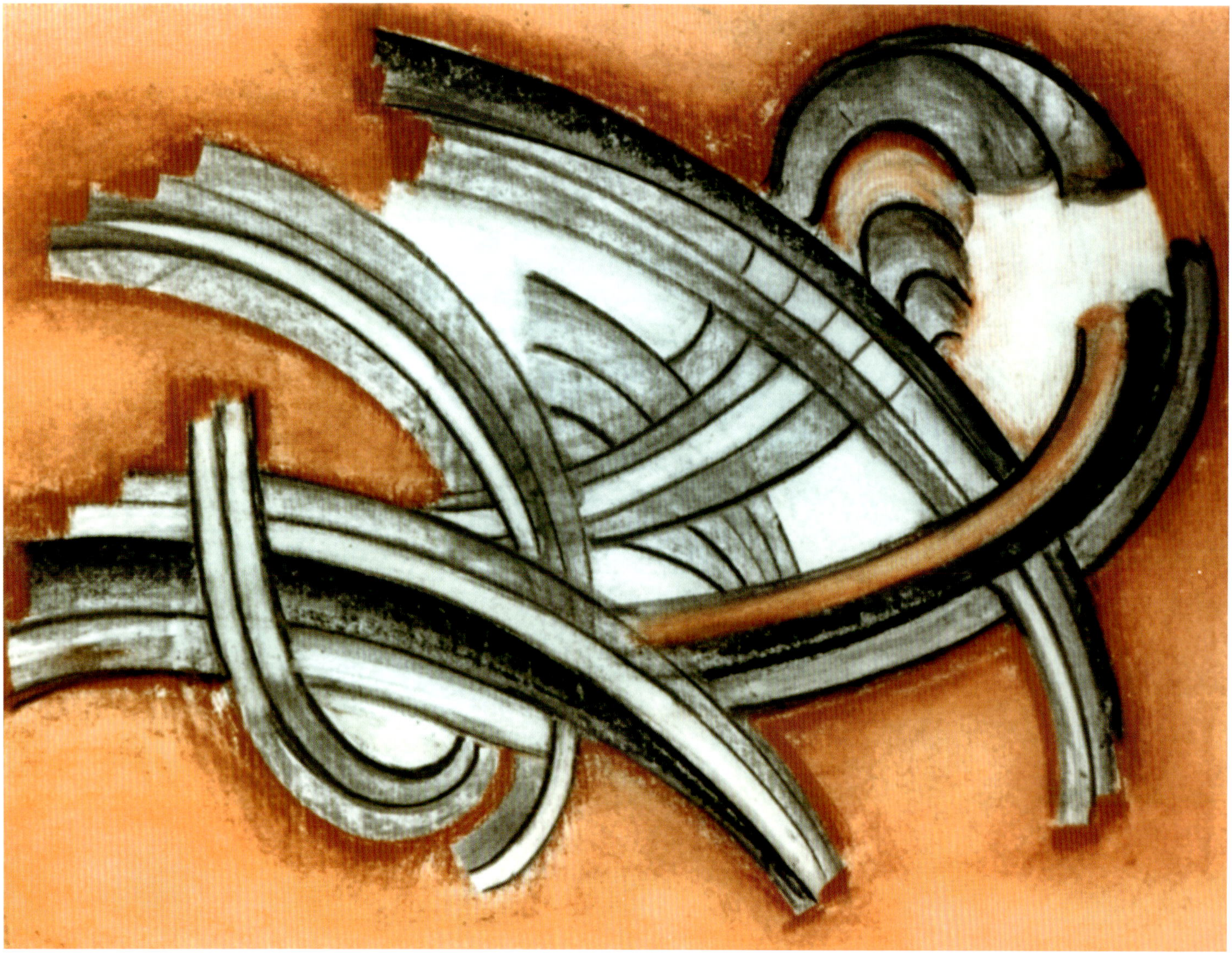

Das Karussell

Man hat uns, ohne uns zu fragen,
ins Karussell hineingesetzt.
Bevor den ersten Schrei wir wagen,
ist es schon fast total besetzt.
Wir werden hin und her geschlagen –
geschubst wird man und auch verletzt.
Da hilft uns überhaupt kein Klagen –
wir sind ins Karussell gesetzt.
Die Seele wird durchs All gehetzt.
Doch hat der Mensch wohl auch mitunter
total auf's falsche Pferd gesetzt.

Wir bleiben an den Sitzen kleben,
wenn es auch noch so wehe tut –
denn leider hängen wir am Leben
und leben es – wenn auch mit Wut!
Wir müssen, während wir uns halten,
mit Energie uns auch versorgen.
Die Jungen stützen ihre Alten –
ist ein Sitz frei – vielleicht schon morgen?

Damit die Kreatur sich hält
auf ihrem Sitz – hat mit Bedacht
sie einen Arzt dafür bestellt,
der über ihre Kräfte wacht.
Nicht einen nur – es ist 'ne Menge,
die tüchtig das Getriebe schmiert –
auch hat man wegen dem Gedränge
Juristen sorgsam engagiert.

Denn jeder will ein bisschen steiler
bei dieser Wahnsinnsfahrt hinauf –
doch dass die Welt wird wieder heiler,
ruft bald ein Priester: „Bald ist's aus!"
Wir fliegen, fliegen stets im Kreise –
wo geht es hin – Du Kreatur?
Ein jeder lebt auf seine Weise –
doch wo ist unser Ende nur?

Es hat – wir wissen's in der Eile –
in unserm Herzen riesengroß –
ein guter Gott uns an dem Seile –
einst landen wir in seinem Schoß!

Mach Dich frei

Ich schüttle ab ein jed' Problem
und ziehe aus die Sorgen!

Heute ist heut' – lass alles sein –
was kümmert Dich der Morgen?

Ich schlüpfe in die Freude ein
und schreie in die Welt:

Kommt her – Ihr Menschen –
stimmt mit ein:
Wir leben, wie's gefällt!

Lebe Dein Leben

Der Mensch meint stets, er müsst' was tun –
'ne Schande ist es auszuruh'n!

Hast Du die Sonne heut' gesehen?
Die Blumen all', die vor Dir stehen?

Hast Du den Wind um Dich gespürt?
Hat Dich ein lieber Mensch berührt?

Hast Du schon in Dich selbst gesehen? –
Dann wirst Du, wie man lebt, verstehen!

Den Berg gesehen

Den Berg gesehen
und niemals ihn erklommen –
so lebt' ich hin am Fuße der Probleme,
bis ich mich endgültig dort niederließ!

Wolken, die Gesichter haben

Wolken, die Gesichter haben,
zieh'n am Horizont daher.
Regenschwanger, voller Narben
hängen sie am Himmel schwer.

Gold gefärbt sind ihre Ränder –
lassen schon die Sonn' erahnen.
Himmel webet gold'ne Bänder –
denn die Sonn' zieht ihre Bahnen.

Der Regen fällt

Der Regen fällt.
In Regenrinnen steht mein Weinen
von der Nacht
und mischt sich mit den Tränen derer,
die auch nicht tragen können,
dass sie einsam sind.

Regen – Lied der Nacht

Regen – Lied der Nacht,
das meine Sinne berieselt.
Eintöniger Takt der Natur
gehest ein in mein Ohr
wie die Stimme der Mutter am Kinderbett.

Guss aus den Wolken –
überdeckst du den Schmerz der Welt,
hüllest ein in Schutz meine Seele
und streichelst unendlich zart,
was nach Liebe schreit in der Nacht –
Bogen der Geborgenheit.

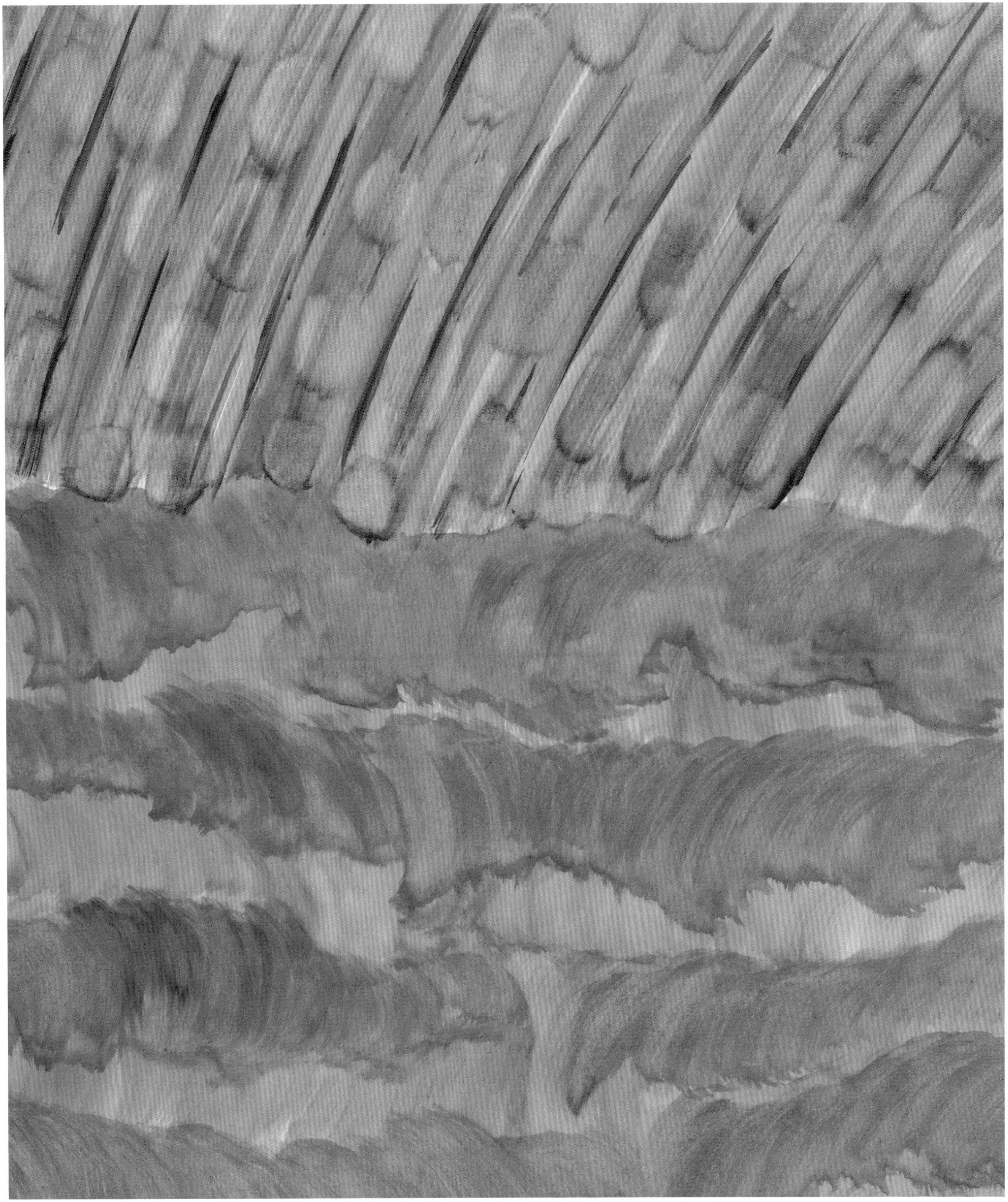

Lieber Blütenbaum

Lieber Blütenbaum,
Du bist ein Traum.
Die Sonne hat auf Dich gelacht –
da bist Du plötzlich aufgewacht
in Deiner ganzen Blütenpracht
und hast den Frühling uns gebracht.

Es lächelt der Frühling

Es lächelt der Frühling im Blütenmeer,
Die Sommersonne streichelt ihn sehr.

Dann kommt der Herbst mit buntem Gesicht –
Im Winter dann – wird es weihnachtlich.

Sommer

Bunte Wiese, auf der wir gehen –
wärmende Sonne, unter der wir stehen.
Zwitschern der Vögel in den Bäumen –
lässt uns von der Kindheit träumen,
als wir in den Kindheitstagen
duftende Sträuße zur Mutter getragen.

Buntes, duftendes Märchenzelt –
hältst uns gefangen auf dieser Welt.
Hüllst uns ein in Wärme und Licht –
streichelst die Seele wie ein Gedicht.
Überall Blumen, Wärme und Glück –
Sommer – Du bringst uns die Kindheit zurück.

Die Zeit – lass sie zu Haus

Wir saßen im Café
im Dorf an den Gassen
hatten die Zeit
zu Hause gelassen.
Wir tranken Kaffee
und aßen Kuchen,
da brauchte man gar nicht
Mallorca zu buchen.

Wir hatten den
Mantel „Zeit“ ausgezogen
und waren
in die Freiheit „geflogen“.
Für ein paar Stunden,
nicht weit von dem Haus –
so sieht ohne Uhr
Erholung aus!

Schweigen als Antwort

Schweigen kann Stille sein
wie Zusammenliegen in der Sonne.

Schweigen kann Verstehen sein
nur im Blick zueinander.

Und Schweigen kann auch Schreien sein
unter Verachtung.

Schenkt Euch einen Blick und ein Lächeln –
dann ist Schweigen Nähe und Geborgenheit.

Ein Lächeln zieht vorüber

Vorüber zieht das Lächeln eines Menschen
und wärmt die Seele mir
gleich einem Sonnenstrahl.

Es ist die Dankbarkeit,
die mich durchflutet
und mich die Einsamkeit vergessen lässt.

Ich schenk' mich Dir

Du bist Geborgenheit und Wärme mir –
Hüllst mich in Liebe ein, damit ich nicht erfrier' –
Breit Deine Arme aus – ich schenk mich Dir!

Ich streichle Dich, mein Herz

Ich streichle Dich, mein Herz.
so wie Du's möchtest
und ziehe Dich an meine große Brust.

Leg Deinen Kopf auf meinen Leib und ruhe
dort, wo ich Weib Dir bin und Frau und Mutter.

In Dir bist Du zu Hause

Selbst bist Du in Dir zu Hause –
geh in Dich und mach mal Pause.
Lass die Sonne in Dir scheinen –
höre auf, um Dich zu weinen!

Freu Dich, was Dir Gott beschert –
bist sein Kind und sehr viel wert.
Lass endlich die Traurigkeit –
diese Welt hat Freud' bereit.

Greif danach sie zu genießen –
dann wird sich das Glück erschließen.
Öffne Dich – lass es hinein!

Morgen

Morgen.
Klar und durchsichtig –
unschuldig jung –
ich atme dich ein.

Noch schlaftrunken von der Nacht
bist schwanger du vom Leben,
das in den Bäumen sich regt
und am Himmel erwacht
im Schrei der Vögel.

Das Schreiten eines Pferdes in der Ferne
erreicht mein Ohr.

An den Fenstern erscheinen die Menschen –
horchen hinein in den Tag,
den es erneut gilt zu leben.

Musik

Musik fließt zu mir hin
und streichelt meine Seele. –

Hüllt mich in Träume ein
bis ich erwache –
beglückt aus ihrer klangvollen Umarmung.

An Tischen sitzt Ihr

An Tischen sitzt Ihr –
bunt gemustert die Decken –
Strandgut des Lebens.
Überbleibsel des Wohlstands.
Hier sitzt Ihr die Zeit ab
auf billigen Stühlen –
aus billigen Gläsern
schlürft Ihr Getränke.

Jeder allein.
An einem Tisch immer einer.
Ein Weinen – lautlos –
doch tausendfach hörbar –
geht durch den Körper Euch
und füllet den riesigen Raum,
in dem Ihr Zuflucht gefunden
für ein paar flüchtige Stunden: –

Einsam – an einsamen Tischen.

Da ich in Worte fasste

Da ich in Worte fasste, was mich quält,
wurde ich von Euch aufgenommen.

Da ich hinausschrie, was mich nicht leben lässt,
wurde ich von Euch begriffen.

Da ich mich ausweinte bei Euch,
habe ich Eure Tränen getrocknet.

Petra Fritsche

In Dir ist das Ziel

Halt mal still und bleibe steh'n –
lass die andern weitergeh'n
in ihr lautes Ziel hinein –
Du schaust nur in Dich hinein!

Hörst Dein Herz in Deiner Brust
leise schlagen – welche Lust,
sich im Stillen selbst zu finden
und den Zeitgeist überwinden!

Liebe

Warum ist's schwer zu sagen:
„Ich will geliebt nur werden“?
Das ist der größte Wunsch
von jedem Mensch auf Erden!

Doch ach, Du sagst es nicht –
hast Angst, man liebt Dich nicht!

Die Begegnung

Ich habe Deinen Blick geseh'n,
als ich vorüberging. –
Er traf mich tief ins Herz hinein
und ist nun in mir drin!

Mir scheint, als ob ich nie zuvor
ein solch' Gesicht geseh'n –
so schön, so warm – so voller Lieb' –
ich muss Dich wiedersehen!

Im Wald ist Deine Seele daheim

Lass einmal die Seele baumeln –
Setz Dich hin an einen Baum
Wirf den Alltag in das Bächlein –
Hör in Dich auf Deinen Traum!

Atme ein den Duft der Gräser
Lausche auf der Bäume Sprach'
Schick Probleme in die Wolken –
Tauch die Füße in den Bach!

So in die Natur gebettet –
findet Deine Seele Ruh' –
Lass den Wald in Dir erwachen
und mach Deine Augen zu!

Ich habe keine Zeit

Ich habe keine Zeit –
das meist gebrauchte Wort.
Es prügelt Dich durchs Leben –
verfolgt Dich immer fort.

Doch halte einmal inne
und setz Dich in die Stille –
dann fühlst Du mit der Zeit
in Dir die **Ewigkeit**.

Wir schützen dich – Baum

Da stehst Du – Baum –
gibst Schatten mir –
umarmst mich mit den Zweigen.
Im Frühling füllst die Sinne mir –
im Herbst ist bunt Dein Eigen.

Da stehst Du – schenkst Geborgenheit
und heimatliche Stille.

Und Dich zu schützen jederzeit,
ist unser aller Wille!

Vergiss nicht zu leben

Du bist der ärmste Mensch der Welt,
wirst nicht geliebt – hast wenig Geld!
Die andern schwimmen in ihr'm Glück;
Und Dir bleibt nicht ein kleines Stück,
Dich zu erfreuen – nur Arbeit viel –
Du kommst und kommst nicht an Dein Ziel,
das Du im Herzen Dir gestellt –
wozu bist Du noch auf der Welt?

Warum siehst Du die Blume nicht,
die vor Dir steht im Sonnenlicht?
Und auch den Baum vor Deinem Haus –
er schaut Dich an – komm doch heraus –
erfreu Dich dran – sonst ist's zu spät –
und Du hast ganz umsonst gelebt!

Und weckt die Welt, ob sie's auch gar nicht wollte

Der Morgen hat ein ganz bestimmtes Seufzen.
Noch ist er langsam am Erwachen.
Doch schon am Horizont bewegt die Arbeit sich –
kommt nah und näher.
Motorenklang vermehret sich vereint –
bricht mit Gewalt die Stille jeder Nacht
und weckt die Welt,
ob sie's auch gar nicht wollte.

Die Pappel

Die Pappel kerzengrade steht –
Kein Windhauch ihr Gewand bewegt –
Hell sich der Himmel um sie legt.

Ich träume

Es tänzelt der Schnee um die Bäume –
ich träume,
dass ich geborgen bin.

Zärtlichkeit auf Zeit

Zärtlichkeit auf Zeit
Geborgte Geborgenheit

Des Anderen Glück

Gönne dem anderen Menschen sein Glück,
dann kommt es auch auf Dich zurück!

Siehst Du das Strahlen in seinem Blick,
leuchtet's in Dir im Augenblick!

Der Herbst kommt gegangen

Vorbei das Lächeln des Frühlings
und auch des Sommers Sonne.

Nun kommt der Herbst gegangen –
genießt die Farbenwonne.

Die Sonne steht jetzt sehr spät auf

Die Sonne steht jetzt sehr spät auf
und geht auch früh zu Bett.
Ach wenn sie doch die Menschen nur
noch mehr gestreichelt hätt'!

Mit ihrer Wärme, ihrer Glut
hält sie uns all' am Leben.
Sie macht ihr Werk am Himmel gut –
will alles, alles geben!

Die Wolken – regenschwanger viel –
verderben oft ihr Spiel –
doch hat sie sich stets durchgesetzt:
Das Wärmen ist ihr Ziel!

Den guten Mond nimmt sie in Kauf.
Die Hauptsach' ist's – am Tage froh
sie hell vom Himmel lacht.

CINEMAX
NO TIME!
MAINHATTEN
BANKMETROPOLE
1822
YVES SAINT LAURENT
GIANNI VERSACE
CHRISTIAN DIOR
HUGO BOSS
GUCCI
BALLY
INTERNET
SCIENCE FICTION
TECHNO
HIP-HOP
POP
NO TIME!
FOREVER YOUNG
MONEY MAKES THE WORLD GO ROUND
BEETHOVEN
FAUST
GOETHE
MCC
THOMAS EDISON
PHILIP REIS
LAß DICH NICHT
QUÄLEN VON DER ZEIT,
DENN IN DIR SELBST
IST EWIGKEIT!

Zeit ist Ewigkeit

Lass Dich nicht quälen von der Zeit –
Denn in Dir selbst ist Ewigkeit.

Die Zeit bleibt stehen

Lass die Seele baumeln –
und die Zeit bleibt stehen!

Lass die Andern taumeln –
in das Chaos gehen.

Du brauchst nur in Stille
in Dein Inneres sehen –
und Du wirst in Frieden
Deine Welt verstehen!

Neues Jahr

Feuer am Himmel – Neujahr –
Lächelst mich an wie ein Star.
Schüttest herab das Glück
Und ich lächle zurück.

Neues Jahr – neue Zeit –
Was hältst du für mich bereit?
Neues Jahr – sag es mir:
Werde ich glücklich mit dir?

Die Autorin

Ingeborg Fritsche

„Mein Leben ist ein bunter Strauß von Worten in Verse gekleidet."

Ingeborg Fritsche lebt seit 1974 als Dolmetscherin und freischaffende Autorin in Bad Homburg, dichtet seit ihrem 15. Lebensjahr und hat bis heute immer nur ein Ziel: Menschen mit ihren Gedichten ein Lächeln ins Gesicht zu zaubern und sie zum Nachdenken anzuregen. Ihre heiteren und besinnlichen Gedichte handeln von der Schönheit des nicht alltäglichen Lebens und erreichen das Herz und die Seele der Menschen.

Ingeborg Fritsche lernte auf ihrem beruflichen Lebensweg neben viel Prominenz aus Politik, Wirtschaft und Kultur auch den großen Schauspieler Heinz Rühmann in Königstein kennen und begleitete ihn im Jahre 1951 zu zwei Theaterspielen, worauf sie ihm das Gedicht „Mein Hase Harvey" widmete. Heinz Rühmann, dem dieses sehr gefiel, bedankte sich mit den Worten: „Freundliche Grüße der großen Dichterin".

Neben zahlreichen Veröffentlichungen wurden 12 Gedichte von Ingeborg Fritsche durch die Bretano-Gesellschaft in die Frankfurter Bibliothek aufgenommen, worüber auch die Presse mehrfach berichtete. Außerdem wurden einige ihrer Gedichte über hr4 ausgestrahlt, was vielen Menschen Freude in ihren Alltag gebracht hat. Im Jahr 2003 erschien Ingeborg Fritsches erstes Buch „Luzius, ein Rentner, wie er im Buche steht". Luzius ist der typische Rentner, der nicht beizeiten gelernt hat, mit seiner Freizeit umzugehen, und der aus diesem Grund ungewollt die Dinge des Alltags in seiner tragikomischen Art auf den Kopf stellt. Sehr humorvolle Verse nach wahren Begebenheiten, illustriert von der Tochter Petra Fritsche. Das erste Hörbuch von Ingeborg Fritsche erschien 2013: „Politik und Alltagsgeschichten des kleinen Mannes". Das Hörbuch enthält humorvolle und besinnliche Gedichte über wahre politische Begebenheiten und den Umgang des „Kleinen Mannes" mit dem Euro, mit kleinen Musiksequenzen, ergänzt durch ein Aquarell von Petra Fritsche über die Ambivalenz des Rettungsschirms. Ihre neueste CD „Homburg Hymne" ist eine Hommage an die wunderschöne Kurstadt Bad Homburg. 5 Gedichte von Ingeborg Fritsche, darunter die „Homburger Hymne" wurden von dem tauberbischofsheimer Komponisten Jo Engert vertont. Darüber hinaus entwirft Ingeborg Fritsche sehr schöne Passepartout-Gedichtkarten mit gemalten Bildern von ihrer Tochter.

Die Malerin

Petra Fritsche

„Das Talent zum Malen habe ich von meinem Vater Ludwig geerbt. Bemaltes Butterbrotpapier und Schokoladenstückchen in meiner Jackentasche."

„Malen ist die Sprache der Seele", meint Petra Fritsche, Architektin und freischaffende bildende Künstlerin, seit 1974 wohnhaft in Bad Homburg. Die Malerei hat auch ihre Berufswahl geprägt, da bei einer Architektin ebenfalls ein hohes Maß an Kreativität gefragt ist. In zahlreichen Ausstellungen – die erste im Jahr 2003, die vorläufig letzte 2011/2012, ebenfalls in Bad Homburg – präsentierte sie Aquarelle, Buntstift- und Kreidezeichnungen in realistischem, halbabstraktem und abstraktem Stil zusammen mit den Gedichten ihrer Mutter Ingeborg Fritsche. Die Gedichte stehen mit ihren Bildern in geheimnisvollem Einklang und verzaubern die betrachtenden Leser. Übrigens: Sämtliche im Gedicht- und Bildband gezeigten Bilder sind bei der Künstlerin als hochwertige Kunstdrucke erhältlich.

Darüber hinaus wird eine von ihr kreierte Gürtelschnalle, von einem Idar-Obersteiner Goldschmied hergestellt, von ihren abstrakten Bildern geschmückt. Im Jahr 2012 erfand Petra Fritsche außerdem die „Bad Homburger KurPraline", die u.a. vom ehemaligen Oberbürgermeister von Bad Homburg – Michael Korwisi – zur 100 Jahre Bad-Feier einem hochrangigen Publikum gereicht wurde. Hergestellt wird die „Bad Homburger KurPraline" seit ihrer Teilnahme am Innovationspreis von Bad Homburg von Christian Ruzicka, Geschäftsführer von Heller Pralinen, der durch seine Auftritte als Chocolatier im Fernsehen und Radio bekannt ist. Der berühmte „Malerblick", der sehr detailgetreu die Stadt Kronberg mit der Frankfurter Skyline zeigt (die Frankfurter Skyline wird umarmt vom Grüngürtel des Taunus), wurde von Petra Fritsche 2015 als Aquarell im Auftrag von FrankfurtRheinMain International Marketing of the Region gemalt. Hierzu erfand sie die Miniaturausgabe des Malerblicks in Form einer Praline, „A Taste of FrankfurtRheinMain", die 2016 durch FrankfurtRheinMain International Marketing of the Region dem prominenten Publikum aus Politik und Wirtschaft beim Weltwirtschaftsgipfel in Davos gereicht wurde.

Himmels-Uhr

Lasse los vom Zwang der Zeit.
Denke an die Ewigkeit,

wo Dich Gott bei sich empfängt
und wo keine Uhr mehr hängt.